Exquise me, wir haben 2023

Kenne deinen Körper, bleib Gesund

Patrizia Martin

Bibliografische Information der Deutschen
Nationalbibliothek: Die Deutsche Nationalbibliothek
verzeichnet diese Publikation in der Deutschen
Nationalbibliografie; detaillierte bibliografische Daten
sind im Internet über dnb.dnb.de abrufbar.

Herstellung und Verlag: BoD – Books on Demand,

Norderstedt

ISBN: 9783744832878

Widmung

Du bist ein starker Mensch.
Ob lachend, weinend, kämpfend, schlafend, arbeitend
oder einfach nur da, du bist großartig, vergiss das nie.

Inhaltsverzeichnis

Widmung   i

Gesundheitstipps   1

Medizintipps   29

Ernährungstipps   38

Wissens Quiz   62

Auflösung   66

Es freut mich das du dich für alle Tipps und Tricks über Gesundheit, Medizin und Ernährung interessierst. In deinem neuen Buch kannst du einiges lernen und übernehmen.
Viel Spaß beim Lesen.

Gesundheitstipps:

Was passiert, wenn man das Niesen unterdrückt?
Das Niesen ist ein natürlicher Schutzmechanismus
unseres Körpers, es beseitigt Fremdkörper, Sekrete
oder Krankheitskeime aus den oberen Atemwegen.
Beim Unterdrücken können deine Blutgefäße platzen
und somit dein Gewebe beschädigen. Außerdem kann
durch das Unterdrücken das Trommelfell verletzt
werden.

Kann man in den Haaren erkennen, ob man
Herz-Kreislaufbeschwerden hat?
Ja.
Die Rückstände des Stresshormons werden in den
Haaren gespeichert, daran kann man das
Herzinfarktrisiko bemessen.

5 Anzeichen einer gestörten Darmflora:

Neurodermitis oder Schuppenflechte auf der Haut.
Haarausfall oder brüchige Nägel.
Magenschmerzen oder auch Sodbrennen.
Kopfschmerzen und Migräne.
Oder häufige Infekte.
Wenn es vermutet wird, sprich einen Arzt darauf an.

Was man gegen Ohnmacht tun kann:

Hinlegen, leg am besten die Beine hoch, so kann sich
das Blut wieder gleichmäßig im Körper verteilen. Ist
man in einer Situation, in der man sich nicht hinlegen
kann, versuche das sogenannte Gegendruckmanöver
und das funktioniert so: Verhacke die Hände, ziehe die
Arme auseinander und dann über Kreuz die Beine.
Spanne die Beine, Becken und Bauchmuskeln an, durch
das Gegendruckmanöver steigert sich die Durchblutung
des Herzmuskels.
Mache andere Menschen auf dich aufmerksam die zum
Beispiel in der Umgebung sind, denn so können Sie
auch helfen.

Warum wachsen Haare?
Die Haut ist ein lebendiges Organ, ihre Zellen wachsen
ständig nach. Ein Haar wächst zwischen 2 und 6 Jahren
lang, danach fällt es nach der Ruhephase aus. Haare
sind durchschnittlich 0,07 Millimeter dick und können ab
1 Millimeter bis zu 2,8 Millimeter werden.

Erstgeborene haben einen höheren IQ?
Ja.
Es gibt verschiedene Theorien darüber warum
erstgeborene einen höheren IQ haben können. Eine

Theorie besagt, dass erstgeborene Kinder in der Regel mehr Unterstützung und Aufmerksamkeit ihrer Eltern erhalten, was zu einer besseren Leistung führt. Eine andere Theorie besagt, dass erstgeborene Kinder ja älter und dadurch einfach mehr Zeit haben sich zu entwickeln. Es gibt jedoch auch Studien, die gezeigt haben, dass dies Unterschiede nicht signifikant sind und dass andere Faktoren wie die Erziehung oder das Umfeld eine viel größere Rolle spielen.

Kann man an einem Knutschfleck sterben?
Nein.
Ein Knutschfleck ist an sich nur ein blauer Fleck, der genau entsteht, wenn man sich stößt. Der Knutschfleck entsteht durch Unterdruck, wenn an der Haut gesaugt wird. Dann platzen kleine Blutgefäße und das Blut verteilt sich im umliegenden Gewebe. Das nennt man Bluterguss, über die tage kann der Fleck sich verfärben, bis er verschwindet. Wie ein normaler blauer Fleck auch. Wenn du ein gesunder Mensch bist, dann ist ein Knutschfleck ungefährlich.

Kann man einen Raum leer atmen?
Ja.
Der sauerstoffgehalt der Luft liegt bei 21%. Wenn man von einem Raum ausgehend der 12m2 hat, keine Pflanzen, keine Fenster und normal hohe Decken, dann

kommen wir auf 6552 Liter Sauerstoff. Ohne körperliche Betätigung verbraucht ein Mensch 24 Liter Sauerstoff pro Stunde. Also käme eine Person 273 Stunden mit dem Sauerstoff aus. Aber wenn der Sauerstoffgehalt unter 6% sinkt, dann ist das tödlich und das wäre schon nach 195 Stunden der Fall.

Mit nassen Haaren schneller krank?
Ja.
Kalter Kopf, der Körper will sich warmhalten, er behält mehr Blut in der Körpermitte, der Kopf ist weit weg. Schleimhäute in Nase, Mund und Rachen werden weniger durchblutet, Abwehr Zellen kommen dann später oder zu spät an.

Blaue Lippen ein Anzeichen für weniger Sauerstoff im Blut?
Ja.
Das Blut hat weniger Sauerstoff. Wenn es kalt ist, verengen sich die Blutgefäße. Dadurch fließt das Blut langsamer und muss mehr Sauerstoff an die Zellen abgeben, dann erscheinen die Lippen bläulich.

Was ist Influenza A Virus?
Influenza A ist eine Art von Influenza Virus, dass bei Menschen und Tieren auftreten kann. Es ist einer der häufigsten Ursachen für Atemwegsinfektionen und kann

schwere Krankheiten wie Grippe auslösen. Influenza A wird durch Tröpfchen Infektion übertragen, die beim Sprechen, Niesen oder Husten freigesetzt werden. Außerdem kann es durch kontaminierte Oberflächen übertragen werden. Die Influenza Saison dauert in der Regel von Oktober bis Mai, während die Häufigkeit von Influenza erkrankten dazu neigt, in Wintermonaten zu steigen. Influenza A kann durch eine jährliche Grippeimpfung verhindert werden. Die auf den aktuellen Stämmen des Virus ausgerichtet sind. Es gibt auch antivirale Medikamente diese jedoch sollten innerhalb von 48 Stunden nach auftreten der Symptome eingenommen werden.

Ist Fingerknacken schädlich?
Nein.
Beim Knacken entsteht ein Unterdruck, dadurch werden Gasblasen frei, diese lösen das knackende Geräusch aus. Direkt sind keine Auswirkungen zu beurteilen. Auch die Langfristigen Folgen sind noch nicht bekannt, allerdings kann man sagen das kein Risiko für Arthrose besteht.

Ist jeden Tag Duschen gut?
Nein.
Deine Haut wird schlechter. Duschgels und Shampoos entziehen dem Körper Feuchtigkeit somit wird sie

anfälliger für Akne und Pickel.
Dein Haar wird trocken und spröde. Die Kopfhaut produziert mehr Talg und somit wird es schneller strähnig und fettig.

Anzeichen einer kranken Leber:
Generell können all diese Symptome auch einen anderen Ursprung haben.
Palmar Erythem: Rote Handinnenflächen.
Ikterius: Gelbfärbung der Haut, Schleimhäute oder Augen.
Spider Nävi: Sichtbare Erweiterung der arteriellen Hautgefäße.
Lackzunge: Glatte, trockene, glänzende rote Zunge.

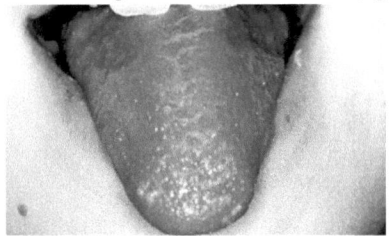

Tipps für eine gesunde Leber:
Reduziere den Alkoholkonsum, dieser begünstigt eine Fettleber und diese wiederum begünstigt Herz-Kreislauferkrankungen und Diabetes.
Achte auf den Medikamentenkonsum, denn bei zb. Paracetamol kann bei längerfristiger Einnahme einen negativen Effekt auf die Leber haben und im schlimmsten Fall auch toxisch wirken.

Auf eine ausreichende Menge an Omega 3 Fettsäuren achten, das bedeutet zb. Vermehrt Chiasamen, Leinöl oder Walnussöl zu dir nehmen.

Anzeichen für Chlamydien:
Chlamydien sind Bakterien und fallen unter die sexuell übertragbaren Krankheiten.
Die Ansteckung erfolgt über die Schleimhäute: Harnröhre, Scheide, Penis, Enddarm. Durch Körperflüssigkeiten wie: Vaginalsekret, Urin und Sperma.
Brennen oder generelle schmerzen beim Wasserlassen.
Ungewöhnlicher Ausfluss aus Penis, Scheide oder im Analbereich.
Bei Frauen kommt es im Verlauf häufig zu Zwischenblutungen.

Ursachen für häufigen Harndrang:
1. Diabetes mellitus. Erhöhte Zuckerwerte können eine Ursache sein. Zucker ist osmotisch, heißt, es zieht Wasser mit sich, sodass man öfter auf Toilette muss. Anzeichen von Diabetes sind Müdigkeit oder vermehrter Durst.
2. Harnwegsinfekt. Auch wenn man nicht das klassische Brennen hat, kann es trotzdem die Ursache für einen Infekt sein.
Vermehrte Trinkmenge. Wenn man alkoholische Getränke zu sich nimmt, sowie Kaffee oder Tee, kann es

den Harndrang stark vermehren.

Laborwerte im Blut:

Alat & Asat (GPT & GOT): Erhöhte Leberschäden durch zb. Hepatitiden, Alkoholkonsum, Medikamenteneinnahme.

Ferritin: Anzeigen für Eisenmangel zb. bei Blässe, Schwindel, Schlafstörungen.

CRP: Entzündungsmaker zb. bei Bakterieller Infektion, akute Entzündung, chronischer Entzündung.

Vitamin D: Anzeichen eines Mangels durch zb. schlechtes Immunsystem, Knochenbrüche, Depressionen, Diabetes-Assoziation.

LDL, Triglyceride: zb. Cholesterin kann zu Herz-Kreislauf-Erkrankungen führen. Das HDL-Cholesterin gilt als gutes Cholesterin.

Glukose: Blutzuckerwert zb. Hinweis auf Diabetes.

HbA1c: Blutzucker der letzten Monate von Diabetikern zu überprüfen.

Harnsäure: Anzeichen für Nierensteine oder Gicht.

Blutfette (LDL, Triglyceride) Anzeichen für eine Fettstoffwechselstörung.

TSH, T3, T4: Schilddrüsenhormone, wenn die in Ordnung sind, ist der Stoffwechsel geschmiert.
Tipps gegen Bluthochdruck:

1. Iss weniger Salz, fast 50% der Bluthochdruckpatienten sind Salz empfindlich. Daher spare täglich 1 gestrichenen Teelöffel Salz ein.
2. Achte auf ausreichende Bewegung, gut sind hier Ausdauersportarten wie Radfahren oder Schwimmen.
3.Vermeide Übergewicht, Studien haben gezeigt, dass eine Gewichtsabnahme den Bluthochdruck senken konnte.
4.Verringere den Stress, Stress sorgt für molekulare Prozesse, die die Gefäße schädigen könnten, das wiederrum kann zu einem erhöhten Blutdruck führen.

Ist jeden Tag Sex gut für meinen Körper?
Ja.
Das Herz wird gestärkt, dadurch wird die Ausdauer und das Risiko für Herz-Kreislauferkrankungen gesenkt.
Das Immunsystem wird gestärkt, durch den erhöhten Herzschlag wird der Blutkreislauf angeregt, Nährstoffe können besser im Gewebe verteilt werden und dadurch wird das Immunsystem angeregt.

Fakten über Selbstbefriedigung:

Männer Masturbieren häufiger als Frauen.
Auch ältere Menschen Masturbieren, in einer Studie gaben circa 35% der über 70-Jährigen Männer und Frauen an sich noch selbst zu befriedigen.
Frauen befriedigen sich häufiger klitoral als vaginal.
Selbstbefriedigung senkt das Risiko für Prostatakrebs.
Masturbieren verringert das Risiko für eine Blasenentzündung und Infektionen des Gebärmutterhalses.

Sollte man als Frau nach dem Sex auf Toilette?
Ja.
Sie leiden unter der sogenannten Honeymoon-zystitis, der Blasenentzündung. Die Harnröhre der Frauen ist sehr kurz und dadurch das man beim Geschlechtsverkehr viele Bakterien ausgetauscht werden, kann es passieren das diese dann, wenn man nicht auf Toilette geht, die Harnröhre aufsteigen und dort eine Blasenentzündung auslösen.

Blasenentzündung durch Tangas?
Ja.
Blasentzündungen entstehen meist durch Bakterien, die aus dem Darm kommen zb. Ekolibakterien. Durch den dünnen Streifen können die Bakterien vom Poloch bis

zur Harnröhre kommen und da bei der Frau die Harnröhre viel kürzer ist bekommen sie dadurch viel schneller eine Blasenentzündung.

Sind Po-Schmerzen durch Periode normal?
Ja.
Bekannt ist es als Proctalgia fugax= Afterschmerzflüchtig. Während der Periode werden bestimmte Hormone freigesetzt, nämlich die Prostaglandine und die führen dazu das die Gebärmutter sich zusammen zieht. Gebärmutterschleim löst sich und führt zu Krämpfen und Schmerzen. Diese Prostaglandine führen dazu, dass sich das rectum, die Beckenbodenmuskulatur und die Muskeln um den Analkanal zusammenziehen. Das verursacht diese Analkrämpfe, auch Männer können dabei betroffen sein, zwar nicht durch die Periode aber durch längeres Sitzen.

Blutet man beim ersten Mal immer?
Nein.
Das Jungfernhäutchen ist keine Membran, würde es den Eingang zur Scheide verschließen, könnte das Menstruationsblut gar nicht herausfließen. Es ist normalerweise eine elastische Umrandung der Scheidenöffnung. Das Gewebe kann glatt, gefurcht, ausgefranst oder gerippt sein. Bei manchen Mädchen ist das Jungfernhäutchen sehr flexibel, bei anderen etwas

stärker oder straffer. Manche haben von Geburt an auch gar kein Jungfernhäutchen. Deswegen kann man sich auch nicht entjungfern, wenn man Tampons benutzt. In seltenen Fällen kann es vorkommen, dass das Jungfernhäutchen den Scheideneingang verschließt. Das müsste dann operiert werden

Anzeichen Endometriose:

Starke Regelschmerzen.
Und oder starke verlängerte Monatsblutungen.
Und oder Schmerzen/ Blutungen, wenn Blase oder Darm entleert werden.
Und oder Unterleibsschmerzen, die von der Monatsblutung unabhängig sind und sehr heftig sind.
Und oder Schmerzen beim Geschlechtsverkehr oder danach.
Und oder unerfüllten Kinderwunsch.
Lass dich von deiner Frauenärztin untersuchen.

Kann man den Geschmack des Spermas verändern?
Ja.
Knoblauch macht das Sperma eher muffig und faulig und auch etwas säuerlich.
Ab 5 Bier schmeckt das Sperma nach Abwaschwasser.
Mindestens 5 Aspirin Tabletten haben das Sperma bitter und herb schmecken lassen,
Ananassaft macht das Sperma eher süßlich, dazu muss man ab 1,5 Liter trinken.

Gewürze wie zb. Kardamom, Zimt Muskat und Vanille.

Nase hochziehen besser als putzen?
Ja.
Bei zu festem putzen kann druck entstehen. So gelangt der Schleim in die Nasennebenhöhlen. Im schlimmsten Fall kann es zu einer Nasennebenhöhlenentzündung kommen. Beim Hochziehen wird der Schleim nach hinten gezogen und gelangt über den Rachen in den Magen und wird dort von der Magensäure zersetzt. Also ist es besser die Nase hochzuziehen, anstatt zu fest zu putzen.

Sollte ich Nasensprays höchstens 7 Tage verwenden?
Ja.
Durch abschwellende Nasensprays ziehen sich die Blutgefäße zusammen. Das Gewebe kann dadurch abschwellen. Der Körper gewöhnt sich an die regelmäßige Dosis. Dadurch trocknen die Schleimhäute schneller aus und es bilden sich Risse und Blutungen sowie Bakterien und kann zur Stinkenase führen. Greife eher zu Meersalzspülungen zurück.

Warm oder kalt duschen besser?
Warm duschen entspannt die Muskeln, erweitert die Blutgefäße, fördert das Wohlbefinden und hilft beim Einschlafen.

Kalt duschen hilft beim Abnehmen, verbessert den Schlaf, stärkt das Immunsystem und verbessert die Haut.

Ist das 16:8 Intervall Fasten gut?
Ja.
Beim Fasten wird im Körper ein Prozess angeregt, die sogenannte Autophagie. Durch die Autophagie können Zellen repariert werden, der Körper heilt und er kann sich erholen. Grundsätzlich gilt, Fastende dürfen Kaffee, ungesüßten Tee und Wasser zu jeder Zeit beim Intervallfasten trinken. Nach einer Woche verbessern sich die Blutwerte, auch Bluthochdruck lässt langsam nach. Außerdem wird der Bauch etwas flacher und ist nicht mehr so aufgebläht. Chronische Erkrankungen lassen nach, Stoffwechselstörungen wie Diabetes, Herzkreislauferkrankungen, Autoimmunerkrankungen oder eine Fettleber. Intervallfasten sorgt für das Verbessern der Symptome bis hin sogar zur Symptomfreiheit, nach Jahren des Intervallfastens pendelt der Körper sich ein.

Was passiert, wenn man jeden Tag 10 Gramm Leinsamen isst?
Leinsamen helfen beim Abnehmen, denn nach dem Verzehr dehnen sie sich auf das 4–8-fache ihres Volumens aus, was länger sättigt. Sie enthalten in der

Pflanzenwelt den höchsten Anteil an Omega 3 Fettsäuren. Leinsamen sind reich an Magnesium, das Muskel-, Knochen und Nervensystem profitieren davon. 20 Gramm Leinsamen pro Tag können Müdigkeit verringern und zu einer gesunden Psyche führen. Sie sind gut für die Haut, da sie durch die enthaltenen Lignane Hormonschwankungen ausgleichen. Sie wirken wie Östrogene und führen so zu einer reineren Haut.

Frieren Frauen schneller als Männer?
Ja.
Frauen haben 25% weniger Muskeln als Männer, weniger Muskeln produzieren weniger wärme. Weil Frauen eine dünnere Haut haben, kann kälte schneller durchkommen. Unter der Haut haben sie mehr Fettgewebe, das die Wärme im Körper hält. Die Kälterezeptoren, mit denen sie kälte wahrnehmen, sitzt aber nicht im Fettgewebe sondern in der Hautschicht darüber.

Warum ist es im Winter kalt?
Weil die Erde schiefliegt. Es sind 23,5 grad, deshalb trifft die Sonne in unserem Winter also auf der

Nordhalbkugel in einem flacheren Winkel auf die Erde. Die Sonne steht tiefer, kann die Erde tagsüber nicht so stark aufheizen und ist schneller wieder weg, deshalb sind die Tage kürzer. Weniger Sonnenlicht, weniger wärme, mehr Dunkelheit.

Rostet unser Blut?
Ja.
Das Blut ist eisenhaltig, nur so kann es den Sauerstoff transportieren. Sauerstoff und Eisen reagieren miteinander, indem sie oxidieren, also ständig rosten. Das Ergebnis ist rotes Blut.

Was passiert, wenn man sich jedes Wochenende betrinkt?
Das Gehirn wird kleiner, je mehr Alkohol man trinkt, desto mehr verringert sich das Hirnvolumen. Man wird vergesslicher und schädigt der Leber. Müdigkeit, Appetitverlust, Konzentrationsstörungen und Juckreiz können häufiger auftreten. Die Gehirnzellen arbeiten schlechter miteinander. Die allgemeine Kommunikation zwischen den Zellen wird schlechter und dadurch fängt man an langsamer zu denken. Man wird schwächer, Studien zufolge mindert Alkohol die Muskelkraft über mehrere Tage. Die muskuläre Leistungsfähigkeit kann sogar um bis zu 50% abnehmen.

Kann man von zu viel Alkohol sterben?

Ja.

Frauen vertragen weniger bei gleichem Gewicht, da sie mehr Fettgewebe besitzen. Dadurch breitet sich der Alkohol schneller aus.

Pauschal kann man dies aber nicht sagen.

Normalerweise ist eine Blutalkoholkonzentration von 3,5 Promille bereits lebensgefährlich.

Man würde an einem Multiorganversagen, Herz-Kreislauf-Zusammenbruch, Koma, Lähmung, Atemstillstand und letztendlich zum Tod kommen.

Daran erkennt man eine Alkoholvergiftung:

1. Exzitation (0,2-2 Promille) Symptome zb. leichtes lallen Redseligkeit, enthemmtes Verhalten, Gangunsicherheit, rote Augen, reduzierte Schmerzwahrnehmung.
2. Hypnose (2-2,5 Promille) Symptome zb. schwere Sprach- und Sehstörungen, Koordinationsstörungen, verengte Pupillen, Übelkeit, Erbrechen, aggressives Verhalten und Gedächtnisstörungen.
3. Narkose (2,5-4 Promille) Symptome zb. häufig Bewusstlosigkeit, kaum schmerzreize, erweiterte Pupillen, Schockzustand, unkontrollierter Harn und Stuhlgang.
4. Asphyxie (ab 4 Promille) Symptome zb. Herz-Kreislaufstörungen, reaktionslose Pupillen, Abkühlung des Körpers, Ausfall der Schutzreflexe,

atemstillstand, Multiorganversagen bis zum Tod.

Wie viele mischen Vodka Energy sind unbedenklich?
Laut dem Bundesinstitut für Risikobewertung sind
200mg Koffein auf 0,8 Promille Blutalkoholspiegel in
kurzer Zeit unbedenklich, dies entspricht also etwa
zweieinhalb Energy Dosen aufgeteilt in etwa 3 leichten
mischen.

Ist Solarium gefährlich?
Ja.
Die UV-Strahlung aus Solarien gehört in die höchste
Kategorie krebserregender Faktoren. Damit sind
Solarien ebenso krebserzeugend wie Tabak oder
Asbest. Durch die Nutzung von Solarien erhöht sich das
Risiko an schwarzem Hautkrebs (Melanom) zu
erkranken nachweislich. Das Licht im Solarium enthält
dreimal mehr langwellige UVA-Strahlen als das
Sonnenlicht. Dadurch entstehen schneller Falten.

Ist Snus (Kautabak) gefährlich?
Ja.
Die Zähne werden schlechter, Snus wirkt sich negativ
auf die Mundgesundheit aus. Karies, sowie faulige
Zähne können begünstigt werden. Im schlimmsten Fall
können diese ausfallen.
Rauchen kann Lungenkrebs oder auch Magentumore

fördern. In Studien konnte bei Snus eine vermehrte Entwicklung von Bauchspeichelkrebs verzeichnet werden.

Da Snus über die Mundschleimhäute aufgenommen werden kann, ist es weniger stark zu kontrollieren. Das bedeutet es kann häufig zu Überdosierungen kommen vom Nikotin. zb zu Herzrasen, Kopfschmerzen, Herz-Kreislauferkrankungen.

Kann durch Vitamin D depressive Symptome verringert werden?

Ja.

Vitamin D kann mithilfe des Sonnenlichtes vom Körper selbst hergestellt werden. Ein Großteil der Bevölkerung leidet im Winter an einem Vitamin D Mangel. Depressive Symptomatiken können verringert werden. Eine norwegische Studie hat herausgefunden das durch Vitamin D Substitution genau die Symptome wie Müdigkeit, Abgeschlagenheit und Antriebslosigkeit verringert werden können. Eine positive Wirkung auf die Muskel- und Knochengesundheit, Vitamin D3 sorgt dafür das, dass Calcium im Darm resorbiert wird und Vitamin K2 sorgt dann dafür das es im Körper verwertet wird. Studien konnten einen Zusammenhang zwischen

Infektanfälligkeit und Vitamin D Mangel nachweisen.

Woran erkenne ich einen nahenden Tod?
Die Urinproduktion vermindert sich.
Studien fanden eine statische Korrelation zwischen dem nahenden Tod und einem fehlenden Puls der Arteria radialis, die befindet sich am Übergang zum Handgelenk. Die Augenliderlassen sich nicht mehr schließen.
Grunzende Laute beim Ausatmen, meist durch die Stimmband Vibrationen.

Ist Krebs vererbbar?
Ja.
5% aller Krebsarten sind erblich bedingt, das bedeutet, dass ein Träger dieser genetischen Information in seinem Leben ein erhöhtes Risiko hat an dieser Krebserkrankung zu erkranken, muss man aber nicht.
Das Bekannteste ist der Brustkrebs/ Eierstockkrebs mit dem brca1 und brca2 Gen.
Prostatakrebs, hier spielen wie bei fast allen Krebserkrankungen andere Faktoren eine Rolle, bedeutet ein multifaktorieller Prozess zum zb. auch Hormone und das Alter.
Der Hautkrebs, 10% aller Fälle von einem Melanom also einem schwarzen Hautkrebs sind erblich bedingt.

Anzeichen von zu viel Stress:

Stress bedeutet Cortisol und das hemmt die
Gewichtsabnahme.
Häufige Rücken -und Kopfschmerzen sowie Glieder-
und Gelenkschmerzen.
Trotz Schlaf, immer noch müde, obwohl genug
geschlafen wurde.
Häufiges nachts wach werden, meistens zwischen zwei
und vier Uhr.
Vermehrt Lust auf ungesunde Nahrungsmittel.
Vermehrt Bauchfett eingelagert.

Macht gaming schlauer?
Ja.
Dein Gedächtnis und das räumliche Denken verbessern
sich. Eine Studie aus Hamburg konnte nämlich
aufzeigen, dass mehrere Areale des Gehirns sich
vergrößert hatten, nachdem sie täglich 8 Wochen lang
30 Minuten Videospiele spielten. Man ist motivierter und
antriebsgesteigerter, denn das Glückshormon Dopamin
wird beim Spielen ausgeschüttet, welches glücklicher
macht. Man ist vitaler, aufmerksamer und aktiver.
Videospiele machen nicht aggressiv, in einer Studie
spielten 8 Wochen lang eine Gruppe GTA und 8 Wochen
lang eine Gruppe das entspanntere Spiel Siedler. Nach
8 Wochen hat man verschiedenste Messungen
durchgeführt und heraus kam bezüglich des
Aggressionsverhaltens kein Unterschied. Dennoch gilt

auch hier die Dosis macht das Gift.

Ist die Schlummertaste zum wach werden gesund?
Nein.
Sobald man auf die Schlummertaste drückt und die
Augen schließt, schüttet der Körper Hormone aus, um
die Tiefschlafphase einzuleiten, man wird dann abrupt
vom Wecker geweckt und der Körper leitet ein
ungünstiges Wechselspiel zwischen Erregung und
Entspannung ein. Der permanente Wechsel aus
Erregung und Entspannung bringt die innere Uhr aus
dem Gleichgewicht. Auf Dauer ist es nicht gesund. Es
kommt häufig im Alltag zu Müdigkeit, Abgeschlagenheit
und Erschöpfung, im schlimmsten Fall sogar zu
Schlafstörungen.

Stress lindern durch Yoga?
Ja.
Durch die Entspannung von Geist und Körper kannst du
dein Cortisol Spiegel und Blutdruck senken. Du wirst
innerlich gesund durch Dehnung und Kontraktionen der
Muskeln, profitieren auch unsere Organe und Drüsen
von. Die korrekte Funktion des Endokrinen nervösen
respiratorischen und Kardio vaskulären Systems wird
gefördert. Man lernt den Körper zu kontrollieren durch
Yoga, verbessert sich die Konzentration und die
Organisation deiner Gedanken. Man steigert seine
Energie, tägliches Yogatraining aktiviert

Neurotransmitter. Endorphine werden freigesetzt und man fühlt sich aktiver und glücklicher.

Wird mein Po straffer, wenn ich jeden Tag 10 Minuten Seil springe?
Ja.
10 Minuten Seil springen verbrennt etwa genau so viel Kalorien wie 30 Minuten Joggen, außerdem wird deine Fettverbrennung angekurbelt. Dein Gleichgewichtssinn, Rhythmusgefühl und Reaktionskraft verbessern sich. Bauch, Beine und Po werden straffer. Ausdauer, Koordination und Kraft verbessern sich. Du schläfst besser, Studien zeigen, dass Leute die Ausdauersport betreiben besser und erholsamer schlafen.

Durch Joggen länger jung bleiben?
Ja.
Studien zeigten, dass bereits 2-mal pro Woche jeweils 30 Minuten ausreichen um das biologische Alter, um bis zu 12 Jahre zu senken. Man wird glücklicher, beim Laufen werden Serotonin und Endorphine im Körper ausgeschüttet, das löst Glücksgefühle aus und hilft gegen Angstgefühle. Und man schläft danach besser.

Kann durch Liegestütze Osteoporose verringert werden?
Ja.

Nicht nur die Brust, Trizeps und vordere Schultern werden trainiert, sondern auch dein Gleichgewichtssinn und die Koordinationsfähigkeit. Durch eine korrekt ausgeführte Liegestützhaltung wird auch deine Rumpfmuskulatur gestärkt. Liegestützen stärken deine Knochen, je mehr Gewicht dein Knochengerüst bewältigen muss, umso stärker wird es. Es beugt degenerative Knochenerkrankungen wie zb Osteoporose vor.

Warum man jeden Tag ein Nickerchen machen sollte:

Studien haben gezeigt, dass ein Nickerchen von nur einer halben Stunde deine Leistungsfähigkeit um fast 40% steigern kann. Deine Aufmerksamkeit verdoppelt sich und hat einen positiven Einfluss auf dein Kurzzeitgedächtnis. Das Herzinfarktrisiko senkt sich und es werden Erschöpfungszustände vorgebeugt. Es führt außerdem noch zu einer besseren Laune.

Warum man öfter mal nackt schlafen sollte:

Es reduziert den Körpergeruch, es regt den Stoffwechsel an, es verbessert den Schlaf.
Es reduziert das Stresslevel, Es verbessert die Beziehung und es ist gesund und hygienisch.

Tipps zum besser einschlafen:

Schließe deine Augen und entspanne. Atme für 4
Sekunden ein und halte für 7 Sekunden den Atem an.
Jetzt atme für 8 Sekunden aus.
Wiederhole das ganze 3-mal. Gute Nacht

Wie entsteht Mundgeruch?
Speichel spült die übriggebliebenen Essensreste weg.
Wenn diese zu lange im Mund bleiben, werden sie von
Bakterien zersetzt, dabei entstehen
Schwefelverbindungen und daraus entsteht
Mundgeruch.

Hilft Deo beim Schwitzen?
Nein.
Ein Deo hat antibakterielle Inhaltstoffe, die gegen den
unangenehmen Geruch sorgen. Aber dort sind keine
Aluminiumsalze enthalten und deshalb wird man
schwitzen.
Antitranspiranten reduzieren das Schwitzen an sich, die
Aluminiumsalze verengen die Schweißdrüsenausgänge.
Kurzgefasst, Deos bringen etwas, wenn man nicht viel
schwitz und den unangenehmen Geruch vertreiben will.
Und Antitranspiranten sind für die, die weniger
schwitzen wollen.

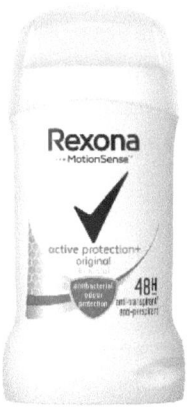

Was passiert, bei einer Gehirnerschütterung?
Das Gehirn ist im Schädel von einer Flüssigkeit
umgeben, normalerweise schützt diese Flüssigkeit das
Gehirn vor Verletzungen und federt Bewegungen ab. Bei
einer Gehirnerschütterung kommt es aber infolge von
ruckartigen Bewegungen zum Beispiel der Aufprall mit
dem Kopf zum Boden, zum Durchschütteln des Gehirns.
Die Flüssigkeit kann das nicht mehr so gut abfedern und
das Gehirn prallt gegen deine Schädelwand, die ganzen
Nervenverbindungen sind dann oftmals gestört und man
kann sich dann nicht mehr so gut erinnern.

Kann man von Kopfhörern Ohrenpilz bekommen?
Ja.
Kopfhörer können den Gehörgang abschließen und
dadurch entsteht eine feuchtwarme Kammer. Die Pilze
infizieren den Gehörgang und somit entsteht die

Otomykose. Einige haben die Veranlagung mehr Ohrenschmalz zu bilden, diese werden durch Kopfhörer vermehrt hineingedrückt. Also ein guter Nährboden für Pilze. Sie breiten sich auch viel leichter aus, wenn man vorher mit Antibiotika behandelt wurde, wie bei einer bakteriellen Gehörgangsentzündung.

Wie bemerkt man das man einen Ohrenpilz hat:
Wenn das Ohr juckt und weh tut. Vor allem wenn man auf den Knorpel am Gehöreingang drückt oder das Ohr nach oben zieht. Manchmal nässt oder riecht es unangenehm. Wenn es dann noch anschwillt, wird man schlechter hören. Pilzinfektionen sind in der Regel ungefährlich und nur ganz selten bei älteren Menschen mit schlecht eingestelltem Diabetes oder mit einer Immunschwäche kann die Infektion auf die Schädelknochen ausbreiten. Bis dahin keine Kopfhörer verwenden. Bei Produkten mit Silikonaufsätzen sollten diese unbedingt ausgetauscht werden, da sich dort ein Biofilm mit Erregern ausgebreitet hat, der nicht mehr entfernt werden kann. Nach 2 Tagen keine Besserung, ab zum Arzt.

Sind Bluetooth Kopfhörer schädlich?
Nein.
Das Bundesamt für Strahlenschutz gibt bekannt, dass Strahlung bis zu 2 Watt pro Kilogramm in bestimmten Körperbereichen wie zb. der Kopf, völlig unbedenklich

sind. Bluetooth Kopfhörer fallen weit unter diesen Bereich sie liegen zwischen 0,001 bis 0,003 Watt pro Kilogramm, somit gibt es hier Entwarnung.

Medizintipps:

Wirken 2 Ibuprofen 400mg genauso wie 1 Ibuprofen 800mg?

Nein.

Bei retardierten Kapseln sollte man aufpassen. Die Ibuprofen 800mg wird in Deutschland meistens retardiert verkauft, heißt, der Wirkstoff wird immer kontinuierlich freigesetzt und nicht direkt bei der Einnahme. Also sind 2 Ibuprofen 400mg nicht wie eine Ibuprofen 800 vergleichbar. Beachte die Tageshöchstdosis von 2400mg.

Hat Aspirin Nebenwirkungen?

Ja.

Durch Aspirin kann bei vorbestehendem Asthma ein Asthmaanfall ausgelöst werden. Das sogenannte Analgetika-Asthma.

Unter 15 Jahren sollte man kein Aspirin einnehmen, da das lebensbedrohliche Reye-Syndrom ausgelöst werden kann, dies ist eine Erkrankung der Leber und des Gehirns.

Aspirin kann Magengeschwüre, sowie auch Blutungen im Gastrointestinaltrakt auslösen. Da es eine gerinnungshemmende Blutung, verdünnende Wirkung hat. Dadurch das Botenstoffe die Magenschleimhaut vor der Säure schützen und somit blockiert werden.

Wirken Schmerztabletten liegend schneller als stehend?
Ja.
Wenn man eine Schmerztablette schluckt, dauert es, bis sie die Speiseröhre in den Magen landet. Dort passiert aber noch gar nichts. Erst wenn sie im Zwölffingerdarm angekommen ist, wirkt sie erst. Studien haben herausgefunden, dass Schmerztabletten im Liegen auf der rechten Seite, nur 10 Minuten brauchen zum Wirken. Stehend brauchen sie 23 Minuten und auf der linken Seite liegend, ganze 100 Minuten.

Welche Schmerztabletten sind besser bei einem Kater?
Ibuprofen und Aspirin.
Finger weg von Paracetamol. Der Wirkstoff wird vor allem von der Leber abgebaut und die ist schon genug beschäftigt mit dem Alkohol Abbauprodukt Acetaldehyd.

Welche Schmerztabletten nehme ich bei einer Erkältung?
Aspirin, Ibuprofen oder Paracetamol. Alle lindern erkältungsbedingte Gliederschmerzen und wirken fiebersenkend.

Welche Schmerztabletten in der Schwangerschaft?
Wenn möglich gar keine Medikamente. Wenn es gar nicht geht dann nur Paracetamol. Ibuprofen sollte ab

der 28 Schwangerschaftswoche gar nicht mehr eingenommen werden. Gerne auch mit einem Arzt absprechen.

Was passiert bei Medikamenten Überdosis?

1. Antiallergische Medikamente (Fenistil, Cetirizin)
Kann zu Schläfrigkeit, Halluzinationen, Spasmen, Mundtrockenheit und Fieber, in schweren Fällen auch zum Koma kommen.

2. Medikamente gegen Reiseübelkeit (Vomex)
Bewusstseinstrübung bis zur Bewusstlosigkeit, Sehstörungen, Tachykardie, trockene Schleimhäute, Unruhe, Angstzustände, gesteigerte Muskelrefluxe und Halluzinationen.

3. Nasenspray (Wirkstoff Xylometazolin)
Erbrechen, Blässe, veränderter Herzschlag, Atemstillstand. Nicht länger als 7 Tage. Verlust des Riechvermögens und eingeschränkter Geschmackssinn.

4.Paracetamol Tagesdosis liegt bei 3000mg am Tag
Erhöhter Blutdruck, Leberschäden, Herzinfarkt oder Hirnschäden.

5. Aspirin (ASS) Tagesdosis liegt bei 4000mg am Tag
Hyperventilation, Dehydration, Unruhe, Übelkeit, Verwirrtheit, Tinnitus, Schwindel, Nierenversagen, Lungenödem bis hin zum Koma.

6. Ibuprofen Tagesdosis liegt bei 2000mg am Tag
Bewusstseinstrübung, Benommenheit, Schwindel,
Tinnitus, Bauchschmerzen oder Erbrechen.

3 Tipps zur Einnahme von Medikamenten:

1. 10/20 Regel. Die Regel besagt aus, dass
Schmerzmittel maximal zehn Tage pro Monat
eingenommen werden sollten. Und 20 Tage darauf zu
verzichten sollte, um den Körper zu schonen.
2. Einnahmezeitpunkt. Morgens sollte man eher
Schilddrüsenhormone, Eisenpräparate, Kortison
einnehmen. Abends Antiallergika.
3. Wasser, Kaffee oder Milch zur Einnahme? Am besten
einnehmen mit Wasser, da Milch und Grapefruitsaft die
Wirkung beeinflussen kann.

Anzeichen für zu wenig Wasser:

Augenringe, Kopfschmerzen, Trockene Haut,
Muskelkrämpfe, trockener Mund und rissige Lippen.
Trinke 40 ml pro Kg Körpergewicht am Tag.

Diese Medikamente sollte jeder zuhause haben:

Schmerzen
Fieber
Pflanzliche Medikamente
Erkältung
Allergien
Insektenstiche
Juckreiz
Übelkeit
Durchfall
Sodbrennen
Lippenherpes
Verbandsmaterial
Fieberthermometer

Welches Schmerzmittel ist das beste?
Aspirin (ASS) wirkt entzündungshemmend,
schmerzstillend, fiebersenkend, gerinnungshemmend.

Nebenwirkungen von Aspirin:
Analgetika Asthma, Blutungen im Gastrointestinaltrakt.

Paracetamol wirkt schmerzstillend, fiebersenkend.

Nebenwirkungen von Paracetamol:
Toxizität auf Leber.

Ibuprofen wirkt entzündungshemmend, schmerzstillend,
fiebersenkend.

Nebenwirkungen von Ibuprofen:
Toxizität auf die Nieren, Erhöht Risiko für
Magengeschwüre, Magen-Darmbeschwerden,

Diclofenac wirkt entzündungshemmend,
schmerzstillend, fiebersenkend.

Nebenwirkungen von Diclofenac:
Blutungen, Erhöht Risiko für Herzinfarkt.

Können durch das Küssen Krankheiten übertragen
werden?
Ja.

Das EBV (Epstein-Barr-Virus; Pfeiffisches
Drüsenfieber)
Meist harmlose Viruserkrankung die ungefähr 3 Wochen
andauert. Symptome sind Lymphknotenschwellungen,
Halsentzündung, Schnupfen, Kopfschmerzen, sowie
Husten. Zu erkennen am weißen Belag im Mundraum.

Syphilis wird hauptsächlich durch Geschlechtsverkehr
übertragen, kann aber auch über die Mundschleimhäute
weitergegeben werden. Symptome sind kleine
Geschwüre an der Eintritt stelle, Hautauschlag,
Mattigkeit. Gerne einen Arzt aufsuchen, um diese
abzuklären.

Herpes (HSV-1)

Der über die Mundschleimhäute weitergegeben wird. Herpes ist tatsächlich nicht heilbar und kann auch weitergegeben werden, wenn man grad keinen Ausbruch hat. Symptome sind kleine Bläschen oder Geschwüre an der Eintritt stelle. Einen sicheren Schutz vor Herpes gibt es nicht.

Kann man Antidepressiva einnehmen, ohne Depressionen zu haben?
Ja.
Aber man würde nur die Nebenwirkungen zu spüren bekommen. zb. Sehstörungen, Verstopfung, Schwindel, Mundtrockenheit, Zittern, bis hin zu Problemen beim wasserlassen. Serotonin und Noradrenalin sind Botenstoffe, die wichtig bei der Übertragung von Nervenimpulsen sind. Bei Depressionen scheint ein Ungleichgewicht der Botenstoffe zu herrschen. Mit Antidepressiva versucht man das wieder auszugleichen. Je nach Präparat wirken Antidepressiva stimmungsverbessernd, angstlösend, beruhigend, antriebssteigernd oder auch antriebsdämpfend.

Kann man Ritalin ohne Indikation einnehmen?
Ja.
Hautinhaltsstoff ist der amphetaminartige Wirkstoff Methylphenidat. Es unterliegt dem Betäubungsmittelgesetz. Ritalin hat in seiner chemischen Zusammensetzung Ähnlichkeit mit Kokain.

Ritalin wirkt anregend, unterdrückt Müdigkeit und wirkt Antriebs -und leistungssteigernd. Es besitzt eine stimulierende Wirkung und wird hauptsächlich zur Behandlung der Aufmerksamkeitsdefizit-/Hyperaktivitätsstörung und seltener auch bei Narkolepsie (Schlafwachrhythmus) eingesetzt.

Ernährungstipps:

Warum hat Käse Löcher?
Weil Heupartikel in der Milch gelandet sind. Ist der Käse fest und reift, entsteht CO_2 im inneren. Ein Teil sammelt sich als Blase um die Heupartikel, so entstehen die Löcher.

Wie schädlich Elfbar(E-Zigaretten) wirklich sind:

Der Dampf einer E-Zigarette enthält zytotoxische und kanzerogene Stoffe, dadurch können die Zellen zerstört werden und das Risiko für Krebserkrankungen steigt enorm. Entzündliche Prozesse in dem Körper erhöhen sich, es kommt zur Reizung der Schleimhäute, Lungen- und Gefäßerkrankungen können entstehen. Die DNA kann geschädigt werden, der Dampf einer Elfbar sorgt für oxidativen Stress im Körper. Es entstehen freie Radikale, die Zellen und die Erbinformationen können geschädigt werden. Stand jetzt kann nicht gesagt werden, ob der Rauch einer Elfbar gesundheitsunschädlicher ist als der Rauch einer herkömmlichen Zigarette.

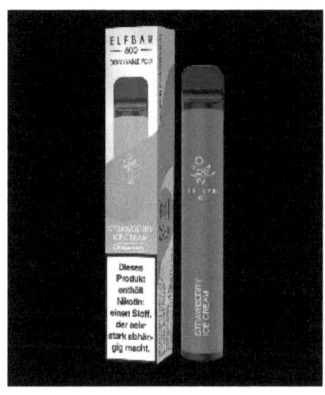

Was passiert, wenn man regelmäßig Zigaretten raucht? Im Zigarettenrauch wurden bisher mehr als 90 Krebserregende Stoffe identifiziert, man hat somit ein mehrfach erhöhtes Krebsrisiko. Das Risiko ist umso höher je früher man mit dem Rauchen beginnt und je mehr Zigaretten man täglich raucht. Rauchen ist einer der wichtigsten vermeidbaren Ursachen für die Entstehung von Arteriosklerose. Dabei kommt es zu schädlichen Ablagerungen, die den Blutfluss verhindern, es kommt zum Herzinfarkt oder Schlaganfall. Die Substanzen im Tabakrauch verursachen eine Entzündungsreaktion in den Atemwegen, reizen die Bronchien und erhöhen das Infektionsrisiko. Rauchen schädigt den Selbstreinigungsmechanismus der Atemwege, regelmäßiges Rauchen führt zu chronischem Husten, Atembeschwerden uns Sekretstau, durch den im Tabakrauch enthaltene Teer, verfärben sich die Zähne braun. Rauchen trägt zu Mundgeruch bei aber auch zu Parodontitis, die vorzeitigen Zahnausfall verursachen kann

Was passiert, wenn man das Rauchen aufhört?
Bereits 20 Minuten nach der letzten Zigarette, senken sich Puls und Blutdruck. Nach nur 8 Stunden senkt sich der Kohlenmonoxidspiegel im Blut. Die Organe und das Gewebe werden besser mit Sauerstoff versorgt. Das Herzinfarktrisiko nimmt bereits nach 24 Stunden ab. Nach 3 Tagen befindet sich in dem Blut kein Nikotin mehr. Die Enden der Nervenbahnen regenerieren sich und der Geschmacksinn und Geruchssinn verbessern sich. In den ersten 2 bis 12 Wochen fängt sich die Lungenfunktion zu verbessern an. Nach 1 bis 9 Monaten gehen Hustenanfälle und Kurzatmigkeit zurück, die Lunge regeneriert sich immer mehr und der Schleim kann effektiver aus der Lunge raus transportiert werden. Nach nur 1 Jahr ist das Risiko für koronare Herzkrankheiten nur noch halb so hoch und nach 2 bis 5 Jahren entspricht das Herzinfarktrisiko das eines Nichtrauchers. Nach 5 bis 10 Jahren verringert sich das Risiko für etliche Krebserkrankungen und nach 15 Jahren ist es fast so als hätte man nie geraucht.

Was passiert, wenn man jeden Tag Energy Drinks trinkt?
Mehr als ein halber Liter Energy-Drink in 24 Stunden kann bereits riskant sein. Ein übermäßiger Konsum

kann Herzrhythmusstörung, Krämpfe oder Nierenversagen zur Folge haben. Eine große Dose enthält rund 60 Gramm Zucker. Dies begünstigt die Entstehung von Übergewicht und Diabetes. Zudem ist es schädlich für die Zähne und begünstigt Karies.

Was passiert, wenn man jeden Tag Cola trinkt?
Die Nervosität nimmt zu.
Gewichtszunahme wird begünstigt. Cola hat auf 100ml circa. 9 Gramm Zucker dies ist ein beachtlicher Teil am Tag.
Effekte auf die Zähne und Knochen. Die enthaltene Phosphorsäure kann den Zähnen schaden. Die Phosphorsäure greift den Zahnschmelz an und entzieht den Knochen das Kalzium. Wenn das Kalzium abgebaut ist, kann es zu Knochenbrüchen kommen.

Was passiert, wenn man jeden Tag Alkohol trinkt?
Schlafstörungen nehmen zu. Regelmäßiger Alkoholkonsum verkürzt die Schlafzeit, man schläft deutlich unruhiger und weniger tief. Alkohol trocknet den Körper aus und regt den Harndrang an. Folgen sind Durst und häufige nächtliche Toilettengänge.
Das Gehirn verändert sich. Bei regelmäßigem Alkoholkonsum treten neben körperlichen, auch psychische Veränderungen ein. Durch Alkohol sterben Gehirnzellen. Dies kann zu Gedächtnisproblemen und Koordinationsstörungen führen.

Das Stresslevel erhöht sich. Bei regelmäßigem Alkoholkonsum fordert das Belohnungszentrum den regelmäßigen kick und die Glückshormone ein. Bleibt der Alkohol aus, reagiert der Körper gestresst.

Helfen Cola und Salzstangen bei Durchfall?
Nein.
Bei Durchfall verliert der Körper eine Menge Flüssigkeit und Elektrolyte. Cola enthält zu viel Zucker und kann den Durchfall sogar verschlimmern. Deshalb sollte man keine Cola oder andere Limonaden trinken. Besser eignen sich leicht gesüßte Tees oder verdünnte Fruchtgetränke. Auch wenn Salzstangen den Durchfall nicht verschlimmern, funktionieren Gemüsebrühe, Apfelmus oder Zwieback einfach besser.

Was passiert, wenn man jeden Tag Kaffee trinkt?
Der Stoffwechsel wirkt angeregt. Allerdings nur wenn der Kaffee schwarz getrunken wird.
Man beugt Herz-Kreislauferkrankungen vor. Die enthaltenen Antioxidanten im Kaffee schützen die Zellen vor freien Radikalen. Und halten die Gefäße geschmeidig.
Diabetes Risiko kann gesenkt werden. Wenn man jeden Tag Kaffee trinkt und dabei keine Süßmacher verwendet.

Was passiert, wenn man jeden Tag
Zitronen-Chia-Wasser trinkt?
Das Hautbild verbessert sich, man bekommt weniger
Heißhungerattacken. Der Körper wird entgiftet und die
Verdauung gefördert. Man kann im Alltag mehr Leistung
bringen. Der Stoffwechsel wird gefördert. Es hilft bei
Gelenkschmerzen und senkt Entzündungen. Zu guter
Letzt, das Immunsystem wird stärker.

Was passiert, wenn man 30 Tage auf Zucker verzichtet?
Man wird wacher und fitter sein, denn was der
raffinierte Zucker macht, ist dass er den
Blutzuckerspiegel anhebt und gerade abends wird
schlechter schlafen und unruhiger. Das Hautbild
verbessert sich, denn Zucker, der nicht vom Körper
verarbeitet werden kann, der bildet im Körper Proteine
zb Kollagen und Elastin, die dafür verantwortlich sind
das die Haut jung und straff und mit einem glänzenden
Teint versehen ist. Der Geschmack verändert sich denn
dadurch, dass man Zucker mehr zu sich nimmt, werden
die Geschmacksknospen neutralisiert und auch
sensibilisiert.

Was passiert, wenn man jeden Tag Kreatin einnimmt?
Kreatin ist eins der bestuntersuchtesten
Nahrungsergänzungsmittel. Es hilft beim Muskelaufbau,
weshalb es in der Fitnessszene sehr beliebt ist.
Gefürchtet meist bei Frauen die Wassereinlagerungen

und dadurch die Gewichtszunahme. In der Bodybuildingszene dabei aber sehr beliebt da dadurch vor Wettkämpfen der Muskel optisch praller und aufgefüllter wird. Da Kreatin an vielen Stoffwechselvorgängen beteiligt ist kann es unteranderem dabei helfen Krankheitsverläufe zu verbessern und das Immunsystem zu unterstützen.

Was passiert, wenn man sich nur vegan ernährt?
Das Risiko für Herzkreislauferkrankungen verringert sich. Lebensmittel wie Obst, Gemüse, Vollkorn Produkte und Hülsenfrüchte sind reich an Nährstoffen, die eine protektive Wirkung auf das Herz haben. Das Risiko an einem Diabetes zu erkranken, minimiert sich. Eine vegane Ernährung die reich an pflanzlichen Proteinen und Ballaststoffen ist, sorgt für eine Regulierung des Blutzuckerspiegels. Übergewichtigkeit und Fettleibigkeit kommt dadurch auch seltener vor. Das Risiko an Krebs zu erkranken, verringert sich. Lebensmittel einer veganen Ernährung sind reich an Antioxidantien und sekundären Pflanzenstoffen. Diese wirken protektiv auf die Biochemischen Prozesse im Körper. Vegane Ernährung kann zu einem Nährstoffmangel führen, insbesondere Vitamin B12, D3, Eisen, Kalzium, Jod und Omega 3 Fettsäuren sind betroffen. Dem Mangel kann jedoch durch gezielten Einsatz von Nahrungsergänzungsmitteln entgegengewirkt werden.

Was passiert, wenn man jeden Tag Magerquark isst?
Man baut Muskeln auf. Eine 250g Magerquark Packung
enthält 30 Gramm Eiweiß bei fast keinem Gramm Fett.
Die Darmflora reguliert sich, die in Magerquark
enthaltenen Milchsäurebakterien machen die Darmflora
widerstandsfähiger und kann sogar chronische
Darmentzündungen abschwächen, die Knochen werden
stärker, Magerquark ist reich an Kalzium, welches die
Knochengesundheit fördert und vor Osteoporose
schützt. Magerquark kann man nicht nur essen, sondern
auch als Wickel auftragen zum Beispiel bei Verletzung,
Entzündung oder Schwellung.

Magerquark oder Skyr besser?
Magerquark enthält mehr Eiweiß als Skyr. Skyr
wiederrum enthält mehr Kalzium als Magerquark. Bei
der Herstellung werden beide mit Milchsäurebakterien
angereichert, die eine gesunde Darmflora fördern,
welche wichtig für die Verdauung und Stoffwechsel
sind. Skyr hat eine cremigere Konsistenz, Magerquark
ist preislich jedoch günstiger. Beides hat seine Vor und
Nachteile.

Was passiert, wenn man jeden Tag 2 Eier isst?
Man baut leichter Muskeln auf, denn kein anderes
Lebensmittel enthält so hochwertiges Eiweiß, wie das
Ei. Das darin enthaltene Eiweiß kann sogar zu 98%
verwertet werden. Die Gehirnleistung verbessert sich,
den Ei enthält Lecithin und Cholin welches dein Gehirn
effektiver arbeiten lässt. Deine Haut wird schöner
Vitamin B, Eiweiß, Lecithin und Schwefel sind in Eiern
enthalten, diese sind wichtig für eine strahlende und
gesunde Haut. Auch das Hormonsystem kommt ins
Gleichgewicht denn das darin enthaltene Cholesterin ist
eine wichtige Vorstufe für verschiedene Hormone wie
zb. Östrogen oder Testosteron.

Ist Edamame gesund?
Ja.
Edamame enthalten wenig Kalorien, 100 Gramm

gekochte Edamame enthalten lediglich 125 Kalorien. Edamame ist reich an Eiweiß, sie enthalten 11 Gramm Protein pro 100 Gramm und versorgen den Körper mit wichtigen Aminosäuren. Edamame fördert die Blutbildung und ist somit gut gegen Müdigkeit da sie viel Eisen enthalten. Sie haben einen hohen Gehalt an ungesättigten Fettsäuren, diese können dafür sorgen den Cholesterinspiegel zu regulieren.

Ab wie viel Gramm Salz ist es schädlich für mein Körper?

Laut der WHO und der deutschen Gesellschaft für Ernährung wird eine maximale Tagesmenge von 5-6 Gramm empfohlen, zu viel Salz erhöht den Blutdruck, welches das Risiko für koronare Herzerkrankungen, Schlaganfall und Herzinfarkt erhöht. Zu wenig, jedoch genau genommen unter 2 Gramm Salz pro Tag wirkt sich ebenfalls negativ auf das Herz-Kreislaufsystem aus. Halte also die empfohlene Tagesmenge von 2-6 Gramm pro Tag ein.

Was passiert, wenn man jeden Tag Bananen isst?
Bananen liefern schnelle Energie. Ob Schule, Sport,
Studium oder Büro, sie machen körperlich als auch
geistig wieder fit. Der Magnesium Mangel schwindet,
denn eine große Banane deckt ja 20% des täglichen
Magnesium Bedarfes. Magnesium ist wichtig für die
Knochen, Zähne aber auch für die Nerven und
Muskelfunktionen. Bananen haben eine relativ niedrige
Glykämische Last, der Blutzuckerspiegel steigt konstant
an und nicht wie eine Achterbahn die
Heißhungerattacken verursachen würde. Wenn also
Heißhungerattacken auf Schokolade kommen, iss
stattdessen lieber eine Banane. Denn der Körper
verlangt nach Glukose.

Was passiert, wenn man vorm Schlafen gehen Kiwi isst?
Kiwis enthalten viel Vitamin C. Bereits zwei Kiwis
decken den Tagesbedarf an Vitamin C ab. Sie sind reich
an Antioxidantien, die die Zellen vor Schadstoffen
schützen. Sie enthalten die Chinasäure, welche im Darm
zu Tryptophan umgewandelt wird. Das Tryptophan
wandelt sich wiederum um zu Serotonin, welche die
Stimmung und den Appetit reguliert. Melatonin wird
ebenfalls aus den Inhaltsstoffen der Kiwi produziert, es
wirkt sich auf den Schlafrhythmus aus und man schläft
besser.

Dunkle Schokolade besser als Vollmilch?

Ja.

Viele Studien der letzten Jahre haben bereits gezeigt, dass dunkle Schokolade gesünder ist als Vollmilch Schokolade. Das liegt an seinem höheren Polyphenol Anteil, welches einen positiven Effekt auf unser Kardiovaskuläres System hat. Dennoch gilt die Regel, alles in Maßen genießen.

Was passiert, wenn man Mozzarella isst?

Schon eine kleine Portion von 100 Gramm liefert circa 20 Gramm Eiweiß, das ist ungefähr genauso viel, wie bei der gleichen Portion Hähnchenfleisch. Mozzarella ist gut für die Knochen und Zähne, da es den optimalen Mineralstoffmix von Kalzium und Phosphor enthält, außerdem ist der Kalorienanteil um einiges geringer als von anderen Käsesorten.

Können die weißen Fäden einer Mandarine vor Krebs schützen?

Ja.

Mandarinen sind reich an Vitamin C und enthalten auch viele andere wichtige Nährstoffe wie Ballaststoffe, Kalium und Folsäure, sie können auch beim Abnehmen helfen, da sie nur wenige Kalorien enthalten und das Sättigungsgefühl fördern. Das in Mandarinen enthaltene Vitamin C kann dazu beitragen, das Immunsystem zu stärken und Körperzellen vor oxidativem Stress zu

schützen. Besonders die weißen Fäden Mesokarp
genannt sind reich an Vitamin C und sekundäre
Pflanzenstoffe wie Flavonoide, diese stärken die
Körpereigene Abwehr Mechanismen und können sogar
vor Krebs schützen.

Sind Datteln gesund?
Ja.
Datteln sind reich an Energie, Vitamin K und
B-Vitaminen. Diese helfen gegen Müdigkeit und geben
Energie, um aus einem Energietief rauszukommen. Die
Verdauung verbessert sich. Datteln sind reich an
Ballaststoffen, somit gut für die Verdauung und
Stoffwechsel. Man wird besser schlafen, Datteln
enthalten die Aminosäure Tryptophan, aus der das
Schlafhormon Melatonin hergestellt wird. Durch
regelmäßiges Datteln essen kann also
Einschlafproblemen vorgebeugt werden.

Was passiert, wenn man Mangos isst?
Die Augen verbessern sich, Mangos enthalten viel Beta

Karotin welches Umgewandelt wird in Vitamin A. Das ist wichtig für die Sehkraft, sie sind gut zum Zunehmen in der Aufbauphase, sie wirken nämlich Appetit anregend. Dadurch kann man viel mehr Kalorien zunehmen. Das Immunsystem wird stärker, denn Mangos sind reich an Vitaminen a, C und E.

Was passiert, wenn ich Alkohol und Medikamente zusammennehme?

Bei gewissen Antibiotika gilt, niemals mit Alkohol kombinieren, dies hat je nach Wirkstoff unterschiedliche Gründe. Insbesondere bei den Medikamenten Metronidazol und Tinidazol musst du auf Alkohol verzichten. Alkohol wird durch das Enzym Alkoholde Hydrogenase zu Acetaldehyd umgebaut, das wiederum durch die Aldehyde Hydrogenase zu Acetat umgewandelt. Metronidazol hemmt Aldehyde was dazu führt, dass der Alkohol nicht richtig abgebaut wird. Das zwischen Produkt Acetaldehyd bleibt also vermehrt im Körper. Dieses ist giftig für den Körper, es kommt zu starker Übelkeit, Erbrechen, Kopfschmerzen, Herzrhythmusstörungen und auch Atemnot. Allgemein kann deine Leber in Kombination mit Alkohol geschädigt werden, denn nicht nur Alkohol, sondern auch Antibiotika wird über die Leber verstoffwechselt, dies führt also zu einer doppelten Belastung der Leber.

Was passiert, wenn man Kokain konsumiert?
Kokain wird aus Blättern des Kokastrauches gewonnen, welche durch chemische Prozesse weiterverarbeitet werden. In Pulverisierter Form auch Koks oder Schnee genannt wird es dann durch ein Röhrchen in die Nase geschnupft. Beginnt der Rausch, kommt man in einen Zustand der Euphorie, Erregung und Hyperaktivität. Erhöhte Aufmerksamkeit, gesteigerte Vitalität und erhöhte Leistungsfähigkeit nach den euphorischen Gefühlen treten Angst, Anspannung Halluzinationen und paranoide Wahnvorstellungen auf. Beim abklingenden Rausch kommt man in ein tief mit depressiven Tendenzen, man wird müde, erschöpft und niedergeschlagen. Bis hin zu paranoiden Störungen und Selbstmordgedanken.

Was passiert, wenn man Cannabis konsumiert?
Cannabis zählt zu den Hanf Gewächsen, die berauschende Wirkung dieser Pflanze beruht auf THC, welches eine psychoaktive Wirkung hat. Und Einfluss auf unser zentrales Nervensystem und Psyche nimmt. Man erlebt positive Wirkung wie Euphorie, Gelassenheit, und ein Gefühl von Leichtigkeit. Obwohl dabei dein Herzschlag schneller schlägt. Sinneserfahrungen wie Riechen, Schmecken, Fühlen und die Wahrnehmung können subjektiv viel intensiver wahrgenommen werden. Die Bewegung jedoch ist oft verlangsamt und das Kurzzeitgedächtnis beeinträchtigt. Man vergisst also schneller, häufig ist eine Appetitsteigerung zu

bemerken, die jedoch weder negativ noch positiv wahrgenommen wird. Bei den negativ erlebten Wirkungen handelt es sich um psychische Reaktionen wie Angst und Panik. Auch Übelkeit, Herzrasen und Schwindel treten auf, bis hin zu Kreislaufkollaps. Vor allem wenn man nur wenig oder gar keine Erfahrung mit Cannabis hat.

Was passiert, wenn man Ecstasy konsumiert?
Ecstasy zählt zu den synthetischen Drogen auch Designerdrogen genannt, unter Ecstasy versteht man oftmals MDMA. Methylendioxy Methylamphetamin. Ecstasy kann halluzinogen wirken und führt meist akut zu einer gehobenen Stimmungslage mit Glücksgefühlen, Hemmung von Ängsten und hoher Selbstakzeptanz. Es entsteht ein Gefühl von Nähe zu anderen, sowie emotionaler Verbundenheit. Gleichzeitig wirkt es aufputschend, Antriebs und leistungssteigernd. Jedoch kommt es zum Anstieg der Körpertemperatur welches zu bedrohlichen Umständen wie Kreislaufkollaps, Nierenversagen und hohes Fieber führen kann. Außerdem kann es auch noch zu Krampfanfällen, Bewusstseinsstörungen und Hirnblutungen führen.

Was passiert, wenn man Heroin konsumiert?
Heroin entsteht durch das Verarbeiten von Opium, das wiederum aus Schlafmohn gewonnen wird. Der Konsum wirkt beruhigend, betäubend, schmerzlindernd und

euphorisierend, sodass eine Gleichgültigkeit und gehobene Stimmungslage zustande kommt. Die Ängste und Schmerzen werden unterdrückt, beim Rauchen oder intravenösem injizieren setzt die Wirkung schnell ein. Nach nur 4-6 Stunden ist Heroin im Körper bereits zur Hälfte abgebaut, daher konsumieren Heroinabhängige es oft mehrmals täglich. Schwerwiegende Folgen betreffen bei einem Langfristigen Heroinkonsum vor allem der Körper und das soziale Leben, es kommt zum körperlichen Verfall wie zb zur Leberschädigung, Lungenerkrankung, Magen-Darmstörungen, sowie Karies und Zahnausfall.

Was passiert, wenn man täglich Squads macht?
Der Rückenstrecker wird stärker, je stärker er ist, desto besser wird das Körpergleichgewicht. Die Waden werden kräftiger und verbessern die Sprungkraft und man kann schneller sprinten. Der Po Umfang vergrößert sich, er wird runder, kräftiger und knackiger. Die Oberschenkelmuskulatur wird straffer, somit kann Cellulite vermindert werden. Eine Studie zeigte, dass eine starke Oberschenkelmuskulatur die kognitiven Fähigkeiten verbessert und das Gehirn fitter wird.

Regt Zimt die Darmtätigkeit an?
Ja.
Zimt fördert den Appetit und regt die Darmtätigkeit an, es beugt Verdauungsproblemen wie Blähungen und

Völlegefühl vor. Zimt hat antibakterielle und krampflösende Eigenschaften. In der traditionellen Japanischen und Chinesischen Medizin, wird er daher bei Erkältung und leichten Schmerzen angewendet. Zimt wird als beruhigend und Stress reduzierend empfunden und kommt daher in der Aromatherapie zur Verwendung. Zimt enthält den Stoff Cumarin, welches in größeren Mengen zu Leberschäden führen kann. Daher sollte man auf das Cumarin ärmere Ceylon-Zimt als auf das Cassia-Zimt zurückgreifen.

Ist Vitavate eigentlich gesund?
Ja.
Eine Flasche Vitavate enthält kaum Fett, kaum Eiweiß, kaum Zucker und somit kaum Kalorien. Es besteht zu über 90% aus natürlichem Mineralwasser, außerdem enthält es Fruchtsaftkonzentrat und natürliche Aromen. Eine Vitaminmischung aus Vitamin B6, B12, Pantothensäure und Biotin, ist ebenfalls enthalten die bei einer Flasche sogar einen täglichen Bedarf von 75% abdecken. Diese sorgen für diverse Stoffwechselprozesse wie der DNA und Protein Synthese Neubildung von Haarwurzeln und Nagelbett und die Regeneration des Organismuses. Ein Mangel an diesen Vitaminen würde zur Erschöpfung, Müdigkeit und Vitalitätsverlust führen. Wenn du also mal keine Lust auf Wasser hast, kannst du ruhigen Gewissens zu einer Flasche Vitavate greifen.

Jeden Tag ein Glas Zitronensaft trinken?
Der Körper wird entgiftet, die darin enthaltene
Zitronensäure hilft dem Körper zur Ausscheidung von
Giftstoffen. Das Immunsystem wird gestärkt, Zitrone ist
reich an Vitamin C, es wirkt antibakteriell,
entzündungshemmend und ist sogar an
Entgiftungsreaktionen an der Leber beteiligt. Man
bekommt weniger Heißhungerattacken. Zitronenwasser
wirkt als natürlicher Appetitzügler bei Heißhunger auf
Süßigkeiten und erfrischt dabei. Und das ganze bei sage
und schreibe 0 Kalorien.

Was passiert, wenn man jeden Tag Cashewkerne isst?
Sie sind reich an Melatonin und verbessern dadurch den

Schlaf. Sie verbessern das Gedächtnis und Lernvermögen. Sie schützen das Herzkreislaufsystem durch die enthaltenen Omega 3 Fettsäuren. Außerdem helfen sie durch das Magnesium und die enthaltenen B-Vitamine beim Entspannen.

Fakten, um den Testosteronspiegel zu steigern:

1. Körperliches Training. Nach intensivem Training steigt das Testosteronspiegel im Blut, es kommt in einer Studie eine Steigerung von 40% gemessen werden.
2. Reduziere Stress. Unter Stress wird das Hormon Cortisol freigesetzt, welches auf Dauer dafür sorgt, dass der Testosteronspiegel im Blut sinkt. Ist der Stress weg, erholen sich die Testosteronwerte schnell wieder.
3. Iss gesunde Fette. Testosteron besteht biochemisch gesehen aus Fett, daher greife öfter mal zurück auf Nüsse, Avocado oder Fisch.
4. Ausreichend schlafen. Denn bei Schlafmangel kommt es immer zum Abfall der Testosteronwerte.

Was passiert, wenn man jeden Tag Tomaten isst? Man nimmt ab, Tomaten sind der optimale Abnehmsnack, auf 100 Gramm kommen sie nämlich gerade einmal auf 20 Kalorien. Die Augen werden gestärkt, Tomaten enthalten Lutein und Zaexanthin, diese schützen die Netzhaut vor schädlicher Strahlung. Die Herzgesundheit verbessert sich, in Tomaten befindet sich der Farbstoff Lycopin, welches den Cholesterinspiegel reguliert.

Sind Haferflocken gut, um Sport zu treiben?
Ja.
Deine Muskelregeneration wird gefördert, da sie reich an Magnesium sind. Du bist aufgrund der Langkettigen Kohlenhydrate viel länger satt. Deine Haut, Nägel und Haare werden besser und stärker, da Haferflocken reich an Magnesium und Zink sind. Wenn man sie etwa 2 Stunden vor dem Training isst, können sie im Schnitt deine Kraft um circa 15% steigern.

Ist Knoblauch gut bei Erkältung?
Ja.
Mehrere Studien haben gezeigt, dass Knoblauch aufgrund seiner mikrobiellen Eigenschaft super gegen Erkältung wirkt. Außerdem kann es zur Senkung des gesamten Cholesterinwertes, um etwa 8 Prozent führen. Es sorgt für die Senkung eines erhöhten Blutdrucks. Studien haben bereits gezeigt, dass Knoblauch eine Krebshemmende Wirkung hat. Nun wird vermutet, dass einige Bestandteile sogar zur Abtötung von Krebszellen führen, jedoch fehlen hier Experimentelle und klinische Studien zu.

Kann man an einer Wasservergiftung sterben?
Ja.
Trinkt man mehrere Liter innerhalb kurzer Zeit, kann dies zu einer Wasservergiftung führen. Die Konzentration der Elektrolyte nimmt ab, dies kann lebensbedrohlich werden. Ein erwachsener Mensch müsste am Tag ca. 20 Liter Wasser trinken, um eine Wasservergiftung zu bekommen.

Tipps gegen Heißhunger:

Wenn man Lust auf Schokolade hat, iss stattdessen lieber eine Banane, denn der Körper verlangt nach Magnesium.
Wenn man Lust auf Pommes hat, iss stattdessen lieber eine Avocado, denn der Körper will Fette,
Wenn man Lust auf Süßigkeiten hat, iss stattdessen Obst, denn der Körper verlangt nach Glukose.

Teesorten die du trinken solltest:

Kopfschmerzen: Wacholderblüten, Hibiskusblüten und Rosenblüten.

Schlafstörungen/ Nervosität/ Unruhe:
Baldrian-Lavendel oder Melissen Tee.

Energie: Schwarzer Tee, Grüner Tee oder Mate Tee.

Nicht vor dem Schlafen gehen.

Erkältung: Salbei- Thymian- oder Kamillen Tee.

Husten: Fenchel, Anis oder Holunderblüten.

Halsschmerzen: Kamillen, Salbei oder Ingwer Tee.

Bauchschmerzen: Fenchel, Anis oder Kamillen Tee.

Hautunreinheiten: Pfefferminz, Jasmin und Grüner Tee.

Gibt es ein Gemüse, das mein Herz stärkt?
Ja.
Polyphenol, Folsäure und Antioxidantien sind in
Brokkoli zu finden, dies wirkt protektiv auf dein Herz.
Das Tumor Wachstum wird bekämpft, sekundäre
Pflanzenstoffe wie Sulforaphan sind in Brokkoli
enthalten. Studien zeigen das Sulforaphan aggressive
Krebs Stammzellen bekämpfen und
entzündungshemmende Wirkungen haben. Brokkoli hilft
beim Abnehmen. 100 Gramm enthalten nur 30 Kalorien,
bei kein Gramm Fett und kaum Kohlenhydraten.
Außerdem sind sie reich an Ballaststoffen was schnell
sättigt. Brokkoli ist gut gegen vorhandene Müdigkeit.

Kann man das Risiko für Thrombosen verringern, wenn
man Ananas isst?

Ja.

Ananas enthält das Enzym Bromelain das sorgt für den Rückgang von Schwellungen nach Operationen und Verletzungen. Darüber hinaus zeigten Studien, dass Bromelain das Risiko für Thrombosen, Herzinfarkt und Schlaganfall senkt, auch bei Verdauungsproblemen ist es hilfreich. Das Enzym hilft dabei Eiweiß aufzuspalten und leichter zu verdauen. Ananas enthält außerdem das Enzym Vanillin welches stimmungsaufhellend wirkt und deine Laune verbessert. Enzyme aus der Ananas setzten Mediziner mittlerweile als Gel zur Heilung von schweren Brandwunden ein.

Und nun ist dein Wissen gefragt:

1. Wie lange brauchen Schmerztabletten, bis sie wirken?
◯ Liegend auf der linken Seite 10 Minuten
◯ Im Stehen 100 Minuten
◯ Liegend auf der rechten Seite 10 Minuten

2. Kann man den Geschmack des Spermas verändern?
◯ Nein, dieser bleibt immer gleich bitter
◯ Ja, nach 5 Bier schmeckt Sperma nach Abwaschwasser
◯ Ja, nach einem Glas Ananassaft wird er süßlich

3. Welcher Krebs ist der bekannteste?
◯ Hautkrebs
◯ Brustkrebs
◯ Prostatakrebs

4. Wie lang Seil springen um genauso Kalorien wie beim Joggen zu verbrennen?
◯ 30 Minuten
◯ 20 Minuten
◯ 10 Minuten

5. Hilft ein Deo, wenn man Schwitzt?
◯ Ja, da es schwitzen vorbeugt

○ Ja, da Deo Salze enthalten sind
○ Nein, nur Antitranspiranten

6. Wie ist die Tagesdosis bei Schmerztabletten?
○ 3000mg Paracetamol / 4000mg Aspirin /2000mg
   Ibuprofen
○ Alle 4000mg Aspirin / Paracetamol / Ibuprofen
○ Höchstens 2 am Tag

7. Ist Herpes(HSV-1) heilbar?
○ Nein, leider nicht
○ Ja, mit Antibiotika
○ Ja, mit Patches

8. Wie viel Zucker ist in einer Dose Energy?
○ 20 Gramm
○ 40 Gramm
○ 60 Gramm

9. Wie viel Zucker hat eine 500ml Dose Cola?
○ 9 Gramm
○ 29 Gramm
○ 45 Gramm

10. Wie viel Salz ist gefährlich für den Körper pro Tag?

○Unter 2 Gramm Salz
○3 Gramm Salz am Tag
○Ab 2-6 Gramm am Tag

11. Magnesium ist wichtig für?
○Immunsystem
○Blut und Gefäße
○Zähne und Knochen

12. Welches Organ wird bei Medikamenten und Alkoholeinnahme geschädigt?
○Magen
○Gehirn
○Leber

13. Welches Gemüse kann Krebs Zellen bekämpfen?
○Tomaten
○Edamame
○Brokkoli

14. Was passiert, wenn man das Niesen unterdrückt?
○Man wird eine Erkältung bekommen
○Trommelfell kann platzen
○Man bekommt Schluckauf

Auflösung:

1C, 2B, 3B, 4C, 5C, 6A, 7A, 8C, 9C, 10A, 11C, 12C, 13C, 14B